CHAMBRE DES NOTAIRES

DE

L'ARRONDISSEMENT DE DREUX

NOTE

SUR

LES USAGES SUIVIS PAR LES NOTAIRES

POUR

LE RÈGLEMENT AMIABLE DE LEURS HONORAIRES.

ASSEMBLÉES GÉNÉRALES DES 14, 28 OCTOBRE 1862 ET 7 OCTOBRE 1880

MAI 1881

PARIS

SOCIÉTÉ D'IMPRIMERIE ET LIBRAIRIE ADMINISTRATIVES ET DES CHEMINS DE FER

41, RUE JEAN-JACQUES-ROUSSEAU 41.

1881

NOTE

SUR

LES USAGES SUIVIS PAR LES NOTAIRES

DE L'ARRONDISSEMENT DE DREUX

POUR LE RÈGLEMENT AMIABLE DE LEURS HONORAIRES

USAGES RECUEILLIS PAR LA CHAMBRE

VÉRIFIÉS ET CONSTATÉS DANS LES ASSEMBLÉES GÉNÉRALES

DES 14 ET 28 OCTOBRE 1862 ET 7 OCTOBRE 1880

———⟶••◦••———

PARIS

SOCIÉTÉ D'IMPRIMERIE ET LIBRAIRIE ADMINISTRATIVES ET DES CHEMINS DE FER

PAUL DUPONT

41, RUE JEAN-JACQUES-ROUSSEAU (HOTEL DES FERMES)

—

1881

Ⓒ

	HONORAIRES :	
	FIXES.	PROPORTIONNELS.

ACTES EN BREVET.

	FIXES.	PROPORTIONNELS.	
1° *Billets à ordre :*			
De 50 fr. et au-dessous..................................	1 »	» »	
De 50 fr. à 100 fr..	1 50	» »	
De 100 fr. et au-dessus. — Sur le premier cent..............	» »	1 50	°/₀
Sur l'excédent..................	» »	» 50	°/₀
2° *Endossements :*			
De 500 fr. et au-dessous..................................	1 »	» »	
De 500 fr. à 1,000 fr....................................	1 50	» »	
De 1,000 fr. et au-dessus.................................	» »	» 25	°/₀
Lorsque l'endossement a lieu à la même date et devant le même Notaire que le billet, il est payé le quart du droit fixé pour les billets, sans que, dans ce cas, le droit soit au-dessous de 1 fr. et au-dessus de 3 fr.			
3° *Notoriétés simples*....................................	4 »	» »	
4° *Obligations :*			
Pour prêts faits par l'intermédiaire du Notaire..............	» »	1 50	°/₀
Dans les autres cas....................................	» »	1 »	°/₀
5° *Procurations spéciales, substitutions de pouvoirs, révocations, autorisations, acquiescements, consentements, ratifications, déclarations, nominations d'experts, désistements, décharges et autres actes simples*	4 »	» »	
6° *Protêts.* — Les Notaires de l'arrondissement n'étant pas dans l'usage d'en faire, il n'en est question ici que pour ordre.			
7° *Quittances :*			
De 20 fr. à 100 fr.......................................	1 »	» »	
De 100 fr. à 150 fr......................................	1 50	» »	
De 150 fr. à 200 fr......................................	1 75	» »	
De 200 fr. à 300 fr......................................	2 »	» »	
De 300 fr. à 400 fr......................................	2 25	» »	
De 400 fr. à 500 fr......................................	2 50	» »	
De 500 fr. à 600 fr......................................	3 »	» »	
De 600 fr. et au-dessus..................................	» »	» 50	°/₀

	HONORAIRES :	
	FIXES.	PROPORTIONNELS.

ACTES EN MINUTE.

Dans les honoraires ci-après, il ne s'agit que de l'honoraire de minute : le droit de grosse et d'expédition est perçu, en outre, suivant le décret du 16 février 1807.

1° *Abandonnements ou cessions de biens par les débiteurs à leurs créanciers :*

	FIXES.		PROPORTIONNELS.		
Sur tous les biens et valeurs cédés........................	»	»	1	»	°/₀

Minimum : 1 fr. par chaque créancier.

	FIXES.		PROPORTIONNELS.		
2° *Acceptations simples*...................................	5	»	»	»	
3° *Acceptations de donation*...............................	6	»	»	»	
4° *Acquiescements*.......................................	4	»	»	»	

5° *Actes respectueux :*
Vacations.

6° *Adhésions simples, par suite de contrat d'union, d'atermoiement ou autres concordats :*

	FIXES.		PROPORTIONNELS.		
Devant le Notaire qui a reçu l'acte auquel il est adhéré........	2	»	»	»	
Devant tout autre Notaire................................	4	»	»	»	

Dans tous les cas, il est perçu, en outre, 1 fr. par chaque acte approuvé, autre que le principal.

7° *Affectations hypothécaires, savoir :*

	FIXES.		PROPORTIONNELS.		
1° A la sûreté d'une créance non encore garantie par un gage immobilier...	»	»	»	50	°/₀
Si l'acte d'affectation est passé devant le Notaire qui a reçu l'obligation..	»	»	»	25	°/₀
2° A la sûreté de toute autre créance......................	4 à 40	»	»	»	
8° *Apprentissage* (Brevets d').............................	2	»	»	»	

9° *Atermoiement* (Contrats d') :
Sur le montant des créances atermoyées, sans que le droit puisse être inférieur à 1 fr. par chaque créancier :

	FIXES.		PROPORTIONNELS.		
Jusqu'à 50,000 fr..	»	»	1	»	°/₀
De 50,000 fr. à 200,000 fr........................	»	»	»	50	°/₀
Au delà..	»	»	»	25	°/₀
10° *Autorisations*.......................................	4	»	»	»	

	HONORAIRES :	
	FIXES.	PROPORTIONNELS.

11° *Baux et cessions de baux à temps :*
Sur le montant cumulé de toutes les années de loyer ou fermage.

1° Lorsqu'il n'y a eu ni affiches ni insertions..............	»	»	» 331/3°/₀
2° Après affiches ou insertions...........................	»	»	» 50 °/₀

12° *Baux et cessions de baux à vie:*
Sur un capital formé de dix années de loyer ou fermage...... | » | » | » 662/3°/₀

13° *Baux* (Résiliements de) :
Moitié de l'honoraire fixé pour les baux.

14° *Baux* (Cautionnements de) *par actes séparés :*
Quart de l'honoraire fixé pour les baux.

NOTA. — Les contributions et autres charges, pour les quatre articles qui précèdent, sont ajoutées au prix pour la perception de l'honoraire, qui n'est pas moindre de 1 fr. si l'acte est expédié, et de 3 fr. lorsqu'il ne l'est pas. Les contributions sont évaluées au dixième du loyer ou fermage.

15° *Baux emphythéotiques.*
Sur le montant cumulé de vingt années de loyer ou fermage, sans y ajouter les contributions :

Jusqu'à 50,000 fr..	»	»	1 » °/₀
De 50,000 fr. à 100,000 fr...........................	»	»	» 50 °/₀
De 100,000 fr. à 300,000 fr...........................	»	»	» 25 °/₀
Sur la somme excédant 300,000 fr........................	»	»	» 12.5 °/₀

16° *Baux emphythéotiques* (Résiliements de) :
Moitié de l'honoraire fixé pour les baux, sur le nombre d'années restant à courir, sans qu'il puisse être supérieur à 20 fr.

17° *Baux, par adjudication, après tentative d'adjudication ou après apposition d'affiches :*
Sur le montant cumulé des années de fermage, impôts et charges .... | » | » | 1 » °/₀

18° *Cautionnements, mobiliers et immobiliers :*
1° Par acte séparé, et l'acte reçu par le Notaire qui aura passé l'acte de prêt :
Un tiers de l'honoraire des obligations.—(*Vᵉ infrà n° 52.*)
2° Si l'acte est reçu par un autre Notaire :
Moitié de l'honoraire des obligations.

| | HONORAIRES : | |
| | FIXES. | PROPORTIONNELS. |

Dans tous les cas, l'honoraire n'est pas moindre de 3 fr.

19° Command (Déclarations de) :

	FIXES	PROP.
Devant le même Notaire............................	4 »	» »
Devant un autre	10 »	» »

20° Compromis :

	FIXES	PROP.
Jusqu'à 50,000 fr....................................	» »	1 » %
De 50,000 fr. à 200,000 fr....................	» »	» 50 %
Au delà.................................:............	» »	» 25 %

Sans que l'honoraire puisse être moindre de 6 fr.

21° Comptes de bénéfice d'inventaire, d'exécution testamentaire, d'administration ou d'usufruit et comptes de tutelle.

Sur les recettes :

	FIXES	PROP.
Jusqu'à 50,000 fr....................................	» »	» 50 %
De 50,000 fr. à 200,000 fr....................	» »	» 25 %
Au delà..	» »	» 12.5 %

Lorsque le compte de tutelle est précédé d'une liquidation faite par le même acte, les honoraires sont perçus sur la liquidation qui est la disposition principale de l'acte.

22° Concordats :

	FIXES	PROP.
Jusqu'à 50,000 fr........................	» »	1 » %
De 50,000 fr. à 200,000 fr....................	» »	» 50 %
Au delà..	» »	» 25 %

Sans que l'honoraire soit inférieur à 1 fr. par créancier.

23° Consentements simples................................. 4 » » »

24° Constitutions de rentes viagères et perpétuelles :

	FIXES	PROP.
Jusqu'à 50,000 fr....................................	» »	1 » %
Au delà..	» »	» 50 %

A défaut de capital fixé, le capital au denier dix pour les rentes viagères ; au denier vingt pour les rentes perpétuelles.

25° Contrats de mariage.

Sur les apports donnés et possédés :

	FIXES	PROP.
Jusqu'à 50,000 fr.....................................	» »	» 50 %
Au delà...	» »	» 25 %

Sans que l'honoraire puisse être inférieur à 12 fr.

Les pensions alimentaires ne sont comptées qu'au denier dix ; il en est de même pour les biens dont les futurs époux n'ont

	HONORAIRES :	
	FIXES	PROPORTIONNELS.

que la nue-propriété ou l'usufruit, soit qu'ils leur soient assurés par le contrat, soit qu'ils leur proviennent d'ailleurs.

26° *Contributions.*

Non compris les honoraires de quittance :

	FIXES	PROPORTIONNELS
Jusqu'à 50,000 fr.	» »	1 » °/₀
De 50,000 fr. à 200,000 fr.	» »	» 50 °/₀
Et au-dessus.	» »	» 25 °/₀

27° *Crédit* (Ouvertures de) :

Jusqu'à 10,000 fr.	» »	1 » °/₀
Au delà de 10,000 fr.	» »	» 50 °/₀

28° *Décharges*.	4 »	» »
29° *Déclarations*.	4 »	» »

30° *Délégations de créances à terme :*

Jusqu'à 50,000 fr.	» »	1 » °/₀
Au delà.	» »	» 50 °/₀

31° *Délivrances de legs et consentements à exécution.*

Sans payement :

Jusqu'à 50,000 fr.	» »	» 25 °/₀
Au delà de 50,000 fr.	» »	» 12,5 °/₀

Avec payement :

Honoraires de quittance.

Dans l'un comme dans l'autre cas, — Minimum par chaque légataire, 6 fr.

32° *Dépôts de deniers entre particuliers*	» »	» 50 °/₀
33° *Dépôts de deniers à un Notaire comme séquestre* ...	» »	» 50 °/₀

34° *Dépôts de pièces :*

Pour une seule pièce.	5 »	» »
Pour chacune des autres, sauf les cas ci-après.	2 »	» »

Pour pièces de purge légale, certificats de radiation, états d'inscription, pièces de greffe, de tribunaux et autres pièces simples à l'appui d'actes passés précédemment en la même étude que celle où le dépôt est fait, par chaque pièce.

	1 »	» »

Par chaque pièce sous signatures privées, donnant lieu à la perception d'un honoraire proportionnel, savoir : s'il y a reconnaissance d'écriture par toutes les parties, les deux tiers de l'honoraire qui serait perçu si l'acte était authentique ;

	HONORAIRES :	
	FIXES.	PROPORTIONNELS.

et s'il n'y a pas reconnaissance d'écriture, le quart du même honoraire.

		FIXES.	PROPORTIONNELS.
35°	*Désistements*	4 »	» »
36°	*Dissolutions de société*	10 »	» »
37°	*Distributions de deniers.*		
	Non compris les honoraires de quittance :		
	Jusqu'à 50,000 fr.	» »	1 » %
	De 50,000 fr. à 200,000 fr.	» »	» 50 %
	Et au delà . . . . . . :	» »	» 25 %
38°	*Donations entre vifs :*		
	Jusqu'à 50,000 fr.	» »	1 » %
	De 50,000 fr. à 100,000 fr.	» »	» 50 %
	Au delà de 100,000 fr.	» »	» 25 %
	L'honoraire n'est jamais moindre de 1 fr., si l'acte est expédié, et de 4 fr., s'il ne l'est pas.		
39°	*Donations entre époux :*		
	Jusqu'à 50,000 fr.	» »	1 » %
	Au delà de 50,000 fr.	» »	» 50 %
	Les honoraires sont perçus lorsque la donation reçoit son exécution.		
	Au moment de la rédaction, il est perçu une somme correspondante au nombre de vacations employées, sans que la somme soit moindre de 6 fr. Lors de l'ouverture de la succession, cette perception est imputée sur les honoraires proportionnels à payer, et elle est acquise au Notaire, sans autre droit, si les dispositions ne reçoivent pas leur exécution, par suite de révocation ou de caducité.		
40°	*Échanges :*		
	Jusqu'à 50,000 fr.	» »	1 » %
	De 50,000 fr. à 100,000 fr.	» »	» 50 %
	Au delà de 100,000 fr.	» »	» 25 %
	L'honoraire n'est jamais moindre de 1 fr., si l'acte est expédié, et de 4 fr., s'il ne l'est pas.		
41°	*Effets mobiliers* (Reconnaissance d').	5 à 10 »	» »
42°	*Enfants naturels* (Reconnaissance d').	6 à 20 »	» »
43°	*Experts* (Nominations d').	4 »	» »

	HONORAIRES :	
	FIXES.	PROPORTIONNELS.

44° *Gage* (Mises en) :
Même droit que pour les cautionnements (n° 18).

45° *Hypothèque* (Translations d').
Si elle est totale, moitié de l'honoraire perçu sur le titre de la créance, dans le cas où l'acte est passé devant le Notaire qui a reçu ce titre.

	FIXES	PROP.	
Si elle n'est que partielle, de................................	4 à 40 »	» »	

46° *Inventaires.*
Vacations. — Article 168 du décret du 16 février 1807.

47° *Licitations :*

	FIXES	PROP.	
Jusqu'à 50,000 fr............................	» »	1 »	°/₀
De 50,000 fr. à 100,000 fr.................	» »	» 50	°/₀
Au delà de 100,000 fr.......................	» »	» 25	°/₀

En cas de vente par adjudication, l'honoraire est perçu sur la totalité du prix.

48° *Liquidations.*
Sur la masse active :

	FIXES	PROP.	
Jusqu'à 50,000 fr............................	» »	1 »	°/₀
Au delà.....................................	» »	» 50	°/₀

49° *Mainlevées définitives :*

	FIXES	PROP.	
	» »	1 »	°/₀₀
Minimum.....................................	4 »	» »	
Partielles..................................	4 »	» »	

50° *Nantissements :*
Même honoraire que pour les cautionnements (N° 18).

	FIXES	PROP.	
51° *Notoriétés*............................	5 »	» »	

52° *Obligations :*

	FIXES	PROP.	
Pour prêt fait par l'intermédiaire du Notaire..............	» »	1 50	°/₀
Dans les autres cas : Jusqu'à 50,000 fr....................	» »	1 »	°/₀
Au delà.............................	» »	» 50	°/₀

53° *Ordres amiables.*
Non compris les honoraires de quittance :

	FIXES	PROP.	
Jusqu'à 50,000 fr...........................	» »	1 »	°/₀
De 50,000 fr. à 200,000....................	» »	» 50	°/₀
Et au delà..................................	» »	» 25	°/₀

54° *Partages :*

	FIXES	PROP.	
Jusqu'à 50,000 fr...........................	» »	1 »	°/₀

	HONORAIRES :	
	FIXES.	PROPORTIONNELS.
De 50,000 fr. à 100,000 fr............................	» »	» 50 %
Au delà de 100,000 fr.....................................	» »	» 25 %
55° *Pensions alimentaires :*		
Sur un capital fixé à dix années de la pension...............	» »	» 33 1/3 %
56° *Procès-verbaux et actes participant de la juridiction conten-*		
tieuse :		
Vacations. — Article 168 du décret du 16 février 1807.		
57° *Procurations :*		
Générales..	6 »	» »
Ordinaires...	4 »	» »
58° *Prorogations.*		
Moitié de l'honoraire perçu pour les obligations, sans que l'ho-		
noraire soit moindre de 3 fr.		
59° *Quittances :*		
Jusqu'à 50,000 fr..	» »	» 50 %
Au delà de 50,000 fr.....................................	» »	» 25 %
Sans que l'honoraire soit moindre de 1 fr.		
60° *Rapports pour minute*....................................	5 »	» »
61° *Ratifications :*		
Devant le Notaire qui a reçu l'acte ratifié...................	2 »	» »
Devant tout autre Notaire	4 »	» »
Dans tous les cas, il est perçu, en outre, 1 fr. par chaque acte		
ratifié, autre que le principal.		
62° *Renonciations simples*...................................	5 »	» »
63° *Résolutions de vente et retraits de réméré*		
Moitié de l'honoraire de vente (n° 78).		
64° *Révocations simples*.....................................	4 »	» »
65° *Révocations de donations entre époux*	6 »	» »
66° *Sociétés.*		
Sur les mises réunies :		
Jusqu'à 5,000 fr...	» »	1 » %
De 5,000 fr à 50,000 fr.............................	» »	» 50 %
Au delà de 50,000 fr.....................................	» »	» 25 %
67° *Subdivisions par acte séparé :*		
Jusqu'à 50,000 fr..	» »	» 50 %
De 50,000 fr. à 100,000 fr.........................	» »	» 25 %

<table>
<tr><th></th><th colspan="2">HONORAIRES :</th></tr>
<tr><th></th><th>FIXES.</th><th>PROPORTIONNELS</th></tr>
</table>

	FIXES.	PROPORTIONNELS
Au delà de 100,000 fr..............................	» »	» 12,5 %
68° *Substitutions.*		
Comme les procurations (n° 57).		
69° *Testaments authentiques :*		
Jusqu'à 50,000 fr.................................	» »	1 » %
Au delà..	» »	» 50 %
Les honoraires sont perçus lorsque le testament reçoit son exécution.		
Au moment de la rédaction, il est perçu une somme correspondante au nombre de vacations employées, sans que la somme soit moindre de 6 fr. Lors de l'ouverture de la succession, cette perception est imputée sur les honoraires proportionnels à payer, et elle est acquise au Notaire, sans autre droit, si les dispositions ne reçoivent pas leur exécution, par suite de révocation ou de caducité.		
70° *Testaments mystiques.*		
Même honoraire que pour les testaments authentiques.		
71° *Testaments olographes* (Dépôt de) par le juge :		
Jusqu'à 50,000 fr.................................	» »	» 50 %
Au delà..	» »	» 25 %
72° *Testaments* (Consentements à exécution de) :		
Jusqu'à 50,000 fr.................................	» »	» 25 %
Au delà..	» »	» 12,5 %
73° *Testaments* (Révocation de).....................	6 »	» »
74° *Titres-Nouvels :*		
Sur le capital, sans avoir égard à la retenue légale des rentes et sans que l'honoraire soit moindre de 3 fr.............	» »	» 50 %
75° *Transactions :*		
Sur l'objet appréciable de la convention principale, sans que l'honoraire soit moindre de 6 fr.		
Honoraires comme pour le compromis (n° 20).		
76° *Transports de créances.*		
Même honoraire que pour les obligations, en prenant pour base le prix porté au transport.		
77° *Tuteurs* (Nominations de).......................	10 »	» »
78° *Ventes amiables de meubles et d'immeubles et cessions de*		

	HONORAIRES :	
	FIXES.	PROPORTIONNELS.

droits successifs mobiliers et immobiliers :

	FIXES.	PROPORTIONNELS.
Jusqu'à 50,000 fr.	» »	1 » %
De 50,000 fr. à 100,000 fr.	» »	» 50 %
Au delà de 100,000 fr.	» »	» 25 %

L'honoraire n'est jamais moindre de 1 fr., si l'acte est expédié, et de 4 fr., s'il ne l'est pas.

79° *Ventes d'immeubles par adjudication ou par suite de tentative d'adjudication,*
  Pour déboursés et honoraires, non compris transcription et purge :

	FIXES.	PROPORTIONNELS.
Adjudications en bloc.	» »	10 50 %
Adjudications en détail	» »	12 50 %

80° *Ventes amiables d'immeubles par suite de publicité :*
  Pour déboursés et honoraires, non compris transcription et

	FIXES.	PROPORTIONNELS.
purge.	» »	10 50 %

81° *Ventes mobilières aux enchères :*
  Pour déboursés et honoraires :

	FIXES.	PROPORTIONNELS.
10 centimes par fr.	» »	10 » %

82° *Ventes de fonds de commerce :*

	FIXES.	PROPORTIONNELS.
Sur le prix du fonds et du matériel.	» »	1 » %

  Sur le prix des marchandises :

	FIXES.	PROPORTIONNELS.
Jusqu'à 50,000 fr.	» »	» 50 %
Au delà de 50,000 fr.	» »	» 25 %

  En matière d'adjudication :
  Sur le prix du fonds, du matériel et des marchandises :

	FIXES.	PROPORTIONNELS.
Jusqu'à 50,000 fr.	» »	2 » %
Au delà de 50,000 fr.	» »	1 » %

  En matière de vente par suite d'affiches ou insertions :
  Sur le prix du fonds, du matériel et des marchandises :

	FIXES.	PROPORTIONNELS.
Jusqu'à 50,000 fr.	» »	1 50 %
Au delà.	» »	» 75 %

83° *Ventes de fruits, de récoltes et de coupes de bois-taillis :*
  Conformément au décret des 5-8 novembre 1851.

	HONORAIRES :	
	FIXES.	PROPORTIONNELS.

DIVERS.

1° *Certificats de propriété :*

Pour les prorata....................................... 5 » | » »

Pour les mutations :

Jusqu'à 5,000 fr.. » » | » 50 %

De 5,000 fr. à 50,000 fr............................ » » | » 25 %

Au delà de 50,000 fr................................. » » | » 12,5 %

Sans que l'honoraire soit moindre de 5 fr.

2° *Mentions et émargements sur expédition*.................... 1 » | » »

3° *Inscriptions (Bordereaux d')*........................... » » | 1 » ‰

Sans que l'honoraire soit inférieur à 3 fr.

4° *Recherches :*

Pour la première année................................. 1 » | » »

Pour chacune des autres................................ » 50 | » »

5° *Voyages et transports.*

Sont payés suivant l'article 170 du décret de 1807.

Mais, pour plus de facilité, par kilomètre :

2° classe de Notaires.................................. » 96 | » »

3° classe —   .... » 64 | » »

6° *Aperçus de liquidations pour les déclarations de successions :*

Vacations évaluées à moitié des droits d'expédition, lorsqu'il y a inventaire ; et, sans inventaire, vacations évaluées suivant le travail.

www.ingramcontent.com/pod-product-compliance
Lightning Source LLC
Chambersburg PA
CBHW060736280326
41933CB00013B/2663